Erfolgreich werden: Dein Arsch hebt sich nicht von selbst!

Erfolg und Reichtum erwarten eine klare Selbstoptimierung

Marvin Keil

Guten Tag.

Trigger Warnung:
In diesem Buch geht es um die Selbstoptimierung des Lesers zu einer wesentlich erfolgreicheren Person und um die persönlichen Ziele schneller zu erreichen. Neben stark motivierenden Inhalten können einige Themen oder vereinzelte Sätze aber auch frustrieren oder verletzen. Jeder Mensch hat einen individuellen Reifeprozess und manche Vorgehensweise könnten aus persönlichen Gründen nicht umsetzbar sein. Solltest Du ernstzunehmende Existenz-, Verlust-Ängste oder andere außergewöhnlichen Probleme bemerken, solltest Du Dir professionelle Hilfe herbeiholen.

© Marvin Keil

Alle Rechte vorbehalten.

Dieses Werk darf nur mit einer ausdrücklichen und schriftlichen Genehmigung von Marvin Keil wiedergegeben werden. Dies betrifft auch Auszüge.

Inhalt: Marvin Keil

ISBN: 9798341387577

Inhaltsverzeichnis

Vorwort 8

Kapitel 1 Die Komfortzone – Vertraut, aber gefährlich . 12

    Was ist die Komfortzone wirklich? 12

    Die Komfortzone ist eine Selbstlüge 13

    Psychologische Mechanismen: Warum bleiben wir in der Komfortzone? 14

    Bequemlichkeit: Der Feind des Erfolgs 15

    Die langfristigen Risiken des Verbleibens in der Komfortzone 16

    Komfortzone verlassen: Der erste Schritt in Richtung Erfolg 18

    Provokante Frage: Bist du faul oder einfach nur ängstlich? 18

    Der Preis für das Verlassen der Komfortzone: Wachstum und Freiheit 19

Kapitel 2 Warum wir uns selbst im Weg stehen – Die brutale Wahrheit über Selbstsabotage 21

    Die Macht der inneren Überzeugungen: Dein größter Feind ist in deinem Kopf 22

    Selbstsabotage: Die Kunst, sich selbst zu Fall zu bringen 22

    Angst als der wahre Saboteur: Wovor fürchtest du dich wirklich? 23

Aufschieberitis: Das Symptom deiner inneren Blockaden 24

Kapitel 3 Der Unterschied zwischen Angst und Gefahr – Warum deine Angst eine Lüge ist 25

Angst vs. Gefahr: Was ist der Unterschied? .. 25

Dein Gehirn liebt Angst – als Schutzmechanismus 26

Irrationale Ängste erkennen und bekämpfen: Der Weg aus der Falle 27

Achtsamkeit: Den Moment erleben, anstatt von der Angst kontrolliert zu werden 27

Provokante Frage: Bist du ein Opfer deiner Angst oder der Held deiner Geschichte? 28

Kapitel 4 Mut zur Veränderung – Kleine Schritte aus der Komfortzone 30

Veränderung als Bedrohung: Warum wir uns so oft zurückziehen 31

Der Nutzen von kleinen, inkrementellen Veränderungen: Die Macht der Mini-Schritte 32

Setze SMART-Ziele: Der Weg zu messbarem Fortschritt 33

Gewohnheiten aufbauen: Der Schlüssel zum Fortschritt 34

Das Mindset ändern: Von „Ich kann das nicht" zu „Ich werde es versuchen" 35

Kapitel 5 Die Macht der positiven Gewohnheiten 38

Gewohnheiten als Schlüssel zum Erfolg: Warum sind sie so wichtig? 38

Minimalgewohnheiten: Kleine Schritte mit großer Wirkung 39

Konsistenz über Intensität: Der Schlüssel zur Veränderung 41

Techniken zum Brechen schlechter Gewohnheiten 41

Der langfristige Fokus: Gewohnheiten als Lebensstil 43

Kapitel 6 Das Umfeld gestalten – Erfolgsfördernde Umgebung 45

Die Rolle eines positiven Netzwerks: Der Schlüssel zu deinem Erfolg 45

Mentoren finden: Der Weg zu wertvollem Wissen 47

Die physische Umgebung als Erfolgsfaktor: Arbeitsplatz, Routine und Minimierung von Ablenkungen 48

Umgang mit negativen Einflüssen: Toxische Beziehungen und der Weg zur Befreiung 49

Kapitel 7 Scheitern als Lernprozess 51

Der Unterschied zwischen Misserfolg und Scheitern 51

Rückschläge analysieren: Der Schlüssel zum Lernen 52

Die Bedeutung von Resilienz: Warum manche Menschen stärker zurückkommen 53

Beispiele berühmter Persönlichkeiten: Scheitern als Sprungbrett zum Erfolg 54

Kapitel 8 Erfolg ist ein Prozess, kein Ziel 57

Erfolg als fortlaufender Prozess 57

Die Illusion des Perfektionismus 58

Die Bedeutung von Selbstreflexion und kontinuierlichem Lernen 59

Mitgefühl mit dir selbst: Den Weg genießen . 60

Gesamt-Fazit Erfolg ist erreichbar für jeden 62

Das Potenzial in jedem von uns 62

Die Komfortzone als Hindernis 63

Ängste überwinden: Der Weg zur Freiheit 64

Den Prozess umarmen: Der Schlüssel zum Erfolg 65

Eine ganzheitliche Anleitung zum persönlichen Wachstum 66

Schlussgedanken: Erfolg für alle 66

Mit diesen Top 20 wirst Du ab heute erfolgreicher! 68

Vorwort

Lass uns gleich zur Sache kommen: **Hast du es satt, immer wieder hinter den Erwartungen zurückzubleiben?** Fühlst du dich gefangen in einer endlosen Schleife aus Entschuldigungen und Zweifeln? Wenn ja, dann ist dieses Buch genau das, was du brauchst! Hier geht es nicht um flauschige Motivationssprüche oder leere Versprechungen. Es geht um die brutale Wahrheit, die dir oft ins Gesicht schlägt und die du trotzdem ignorierst.

Erfolg ist kein Zufall – er ist eine bewusste Entscheidung.

Er ist kein schimmerndes Ziel, das man irgendwann in der Ferne sieht. Er ist kein Geschenk, das man nur erhalten muss.

Nein! Erfolg ist der Lohn für die unermüdliche Arbeit, das stetige Streben und den unerschütterlichen Glauben an sich selbst.

Aber hier ist die fiese Wahrheit: Die meisten Menschen stehen sich selbst im Weg! Ja, du hast richtig gelesen. Es sind nicht die Umstände, die dich zurückhalten. Es sind nicht die bösen Kollegen oder das ungerechte System. Es ist deine eigene Angst, deine eigenen Zweifel und deine gewohnte

Bequemlichkeit, die dich festhält wie ein Klotz am Bein.

Du bist wie ein Schachspieler, der ständig auf der Stelle tritt, während das Spiel um dich herum in vollem Gange ist. Du schaust zu, wie andere gewinnen, während du dich im Kreis drehst.

Was hindert dich daran, die Züge zu machen, die dir den Sieg bringen würden? Es ist nicht die mangelnde Intelligenz oder das Fehlen von Talenten – es ist dein Mindset!

Dein Mindset ist der unsichtbare Kettenhund, der dich zurückhält!

In diesem Buch werden wir das Mindset durchleuchten und die wahren Hindernisse identifizieren, die zwischen dir und deinem Erfolg stehen.

Wir werden die schockierende Realität der Selbstsabotage aufdecken und die psychologischen Mechanismen entlarven, die dich in der Komfortzone gefangen halten.

Es ist an der Zeit, dass du dich deinen inneren Dämonen stellst!

Hast du die Kraft, dir einzugestehen, dass du dich selbst in deiner Entwicklung sabotierst? Wirst du bereit sein, die unangenehmen Fragen zu beantworten, die dir helfen, dein wahres Potenzial zu entfalten?

Ich fordere dich heraus, den Mut zu finden, deine Ausreden beiseite zu schieben und stattdessen in die Handlung zu treten! Es gibt keine Geheimnisse – es gibt nur die Bereitschaft, sich den Herausforderungen des Lebens zu stellen und den schmerzhaften, aber notwendigen Prozess der Selbstveränderung zu durchlaufen.

Warte nicht darauf, dass das Leben dir das gibt, was du willst.

Greif danach, auch wenn es bedeutet, dass du deinen Komfortbereich verlässt!

Denn Erfolg ist nicht für die Feigen oder die Zögerlichen – er ist für die Kämpfer! Wenn du bereit bist, dein Leben in die eigene Hand zu nehmen und aktiv für deine Träume zu kämpfen, dann ist dieses Buch dein Schlüssel zur Transformation.

Schlage die erste Seite auf und beginne die Reise! Du bist nur ein Buch und ein mutiger Gedanke entfernt von der Veränderung, die du suchst. Wage es, deinem Leben die Richtung zu geben, die du dir immer gewünscht hast.

Das ist nicht nur ein Buch – das ist dein Manifest für den Erfolg!

Bist du bereit, den ersten Schritt zu gehen?

Kapitel 1

Die Komfortzone – Vertraut, aber gefährlich

Die Komfortzone ist das unsichtbare Gefängnis, in dem die meisten Menschen ihr Leben verbringen, ohne es wirklich zu bemerken. Sie ist der Bereich, in dem wir uns sicher fühlen, weil alles bekannt und vertraut ist. In dieser Zone wiederholen wir beständig die gleichen Muster und verlassen uns auf Altbewährtes.

Klingt gut? Tatsächlich handelt es sich um eine gefährliche Illusion. Sicherheit und Bequemlichkeit werden oft über das eigene Wachstum und die Veränderung gestellt – ein fataler Fehler, der langfristig zu Stagnation und Frustration führt.

Was ist die Komfortzone wirklich?

Die Komfortzone ist der mentale Raum, in dem man das tut, was man bereits kennt. Sie ist der Bereich, in dem keine Angst vor dem Versagen besteht, weil man sich nur auf Tätigkeiten einlässt, die man bereits sicher beherrscht.

Man könnte meinen, dass dies ein idealer Zustand ist – schließlich fühlt man sich gut, wenn man immer das Gefühl hat, alles im Griff zu haben. Doch genau hier liegt das Problem. Wenn du immer nur das tust, was du kannst, wirst du niemals etwas Neues lernen. Es gibt keinen Fortschritt, keine Verbesserung, keinen Wachstum.

Die Komfortzone ist eine Selbstlüge

Die meisten Menschen täuschen sich selbst, wenn sie in ihrer Komfortzone bleiben. Sie glauben, sie seien „zufrieden" oder „glücklich", weil sie keinen Grund sehen, etwas zu verändern.

Doch in Wahrheit haben sie nur Angst. Angst vor dem Unbekannten, Angst davor, sich zu blamieren, und vor allem Angst davor, zu scheitern. Diese Ängste halten sie in der Komfortzone fest, und die Sicherheit, die sie spüren, ist nichts weiter als eine Selbstlüge.

Sie sagen sich: „Es ist besser, nichts zu riskieren", und verpassen dabei unzählige Chancen auf Weiterentwicklung und Erfolg.

Psychologische Mechanismen: Warum bleiben wir in der Komfortzone?

Die meisten von uns unterschätzen, wie stark unser Gehirn darauf programmiert ist, Gefahren zu vermeiden. Das stammt noch aus der Urzeit, als jede unbekannte Situation potenziell lebensgefährlich war. Heute ist die Welt eine andere, aber unser Gehirn hat sich nicht so schnell angepasst. Das Ergebnis? Wir vermeiden Risiken, auch wenn sie uns keinen körperlichen Schaden zufügen können.

- **Angst vor dem Unbekannten**: Unser Gehirn bevorzugt das Vertraute, weil es leichter zu verarbeiten ist. Unbekannte Situationen lösen Stress aus, und der Mensch ist darauf programmiert, Stress zu vermeiden. Doch hier liegt die Krux: Ohne das Eingehen neuer, unbekannter Risiken bleibt jeder Fortschritt aus.

- **Unsicherheiten**: Alles, was außerhalb der Komfortzone liegt, ist unsicher. Unsicherheit wird oft als Bedrohung empfunden, obwohl es in vielen Fällen lediglich bedeutet, dass wir nicht genau wissen, was passieren wird. Diese

Unsicherheit wird jedoch oft als Versagen interpretiert – eine irrationale Angst, die uns lähmt.

- **Bequemlichkeit**: Die Komfortzone ist der bequemste Ort der Welt. Sie verlangt nichts von uns, wir müssen uns nicht anstrengen oder neue Fähigkeiten erlernen. Aber sie beraubt uns auch der Möglichkeit, unser volles Potenzial zu entfalten.

Bequemlichkeit: Der Feind des Erfolgs

Ein weiteres großes Hindernis ist Bequemlichkeit. Warum solltest du etwas ändern, wenn du es auch so „bequem" hast?

Bequemlichkeit ist eine der größten Illusionen, die uns in unserer Komfortzone gefangen hält. Doch was viele nicht sehen: Bequemlichkeit ist Gift für jegliche Art von Entwicklung.

Sie gibt uns das falsche Gefühl, dass alles in Ordnung ist, obwohl wir tief im Inneren wissen, dass wir unter unseren Möglichkeiten bleiben.

Die langfristigen Risiken des Verbleibens in der Komfortzone

Das Problem an der Komfortzone ist, dass sie uns am Anfang so angenehm erscheint, wir aber mit der Zeit den Preis dafür zahlen. Wer dauerhaft in seiner Komfortzone bleibt, riskiert:

1. **Keine Weiterentwicklung:** Ohne Herausforderungen gibt es kein persönliches oder berufliches Wachstum. Wer in seiner Komfortzone bleibt, entwickelt sich nicht weiter und bleibt auf dem gleichen Niveau – in einer Welt, die sich ständig verändert. Das führt früher oder später zu einem Gefühl der Frustration und Stagnation.

2. **Verpasste Chancen:** Jede Gelegenheit, die außerhalb der Komfortzone liegt, bleibt ungenutzt. Menschen, die sich ihrer Ängste nicht stellen, verpassen viele Chancen, die ihr Leben auf eine völlig neue Ebene heben könnten.

3. **Ungenutztes Potenzial:** Jeder Mensch hat enormes Potenzial, aber nur die wenigsten nutzen es wirklich. Wer immer in seiner Komfortzone bleibt, wird niemals herausfinden, wozu er wirklich fähig ist. Das

ist nicht nur ein Verlust für den Einzelnen, sondern auch für die Gesellschaft, die von diesem brachliegenden Potenzial profitieren könnte.

4. **Selbstzweifel und Frustration**: Der wohl gefährlichste Effekt des Verbleibens in der Komfortzone ist der langsame Aufbau von Selbstzweifeln. Menschen fangen an, an sich zu zweifeln, wenn sie immer wieder die gleichen Entscheidungen treffen, ohne sich zu verändern. Diese Selbstzweifel nagen an ihrem Selbstwertgefühl und führen zu Frustration.

Komfortzone verlassen: Der erste Schritt in Richtung Erfolg

Es ist einfach, in der Komfortzone zu bleiben, und genau das macht sie so gefährlich. Doch wer sie überwindet, erlebt oft eine überraschende Erkenntnis:

Die Welt ist viel größer und voller Möglichkeiten, als man denkt.

Der erste Schritt mag schwerfallen, aber er ist der entscheidende.

Wer sich dazu zwingt, neue Dinge zu probieren, Risiken einzugehen und Unsicherheiten zu ertragen, wird dafür belohnt – mit Wachstum, neuen Fähigkeiten und dem Wissen, dass man mehr kann, als man je für möglich gehalten hätte.

Provokante Frage: Bist du faul oder einfach nur ängstlich?

Lass uns ehrlich sein: Bleibst du in deiner Komfortzone, weil du faul bist oder weil du Angst hast? Viele Menschen geben sich der Illusion hin, dass sie „nicht mehr wollen" oder „zufrieden sind". Doch die harte Wahrheit ist: Sie haben einfach nur Angst.

Angst vor Veränderung, Angst vor dem Unbekannten, Angst vor dem Scheitern. Und wenn du ehrlich zu dir selbst bist, wirst du erkennen, dass es keine Faulheit ist, die dich zurückhält, sondern tief verwurzelte Ängste.

Diese Ängste sind normal, aber sie dürfen nicht dein Leben bestimmen.

Der Preis für das Verlassen der Komfortzone: Wachstum und Freiheit

Ja, das Verlassen der Komfortzone kostet Überwindung und Mut. Doch der Preis, den man dafür erhält, ist unbezahlbar: Wachstum, Freiheit und die Möglichkeit, sein volles Potenzial zu entfalten.

Jeder Schritt außerhalb der Komfortzone bringt dich näher zu der Person, die du wirklich sein kannst. Der größte Fehler, den du machen kannst, ist, den Rest deines Lebens in einer Zone zu verbringen, die dich klein hält.

Fazit: Die Komfortzone ist gefährlicher, als du denkst

Die Komfortzone mag sicher erscheinen, aber sie ist langfristig eines der größten Hindernisse auf dem

Weg zu einem erfüllten und erfolgreichen Leben. Sie hält uns fest in einem Kreislauf der Bequemlichkeit, Sicherheit und des Stillstands.

Doch wer ausbricht, entdeckt nicht nur neue Möglichkeiten, sondern auch sich selbst – und was man wirklich erreichen kann, wenn man den Mut hat, die Angst zu überwinden.

Die Komfortzone ist vertraut, aber sie ist auch gefährlich. Verlasse sie – dein Erfolg wartet außerhalb.

Kapitel 2

Warum wir uns selbst im Weg stehen – Die brutale Wahrheit über Selbstsabotage

Es gibt eine bittere Wahrheit, die wir uns oft nicht eingestehen wollen: Wir sind unser größter Feind. Wir blockieren unseren eigenen Erfolg, und das in den meisten Fällen vollkommen unbewusst.

Wir schaffen uns Hindernisse, wir sabotieren unsere eigenen Pläne, wir nehmen uns selbst den Mut. Warum? Weil tief in uns alte Glaubenssätze verankert sind, die uns einreden, dass wir es nicht wert sind, erfolgreich zu sein, dass wir versagen werden oder dass wir nicht genug können.

Klingt hart? Das ist es auch. Und je schneller du das erkennst, desto eher kannst du anfangen, diese innere Selbstsabotage zu durchbrechen.

Die Macht der inneren Überzeugungen: Dein größter Feind ist in deinem Kopf

Fangen wir bei den inneren Überzeugungen an. Glaubenssätze wie „Ich bin nicht gut genug" oder „Ich kann das nicht" sind die größten Blockaden auf deinem Weg zum Erfolg.

Diese Überzeugungen sind oft tief in deinem Unterbewusstsein verankert und wirken wie unsichtbare Ketten, die dich zurückhalten.

Sie entstehen meist aus Erfahrungen in der Kindheit oder aus früheren Misserfolgen, die sich in dein Gedächtnis eingebrannt haben.

Der wahre Horror daran? Du bist dir dieser Überzeugungen oft gar nicht bewusst. Sie agieren hinter den Kulissen, steuern deine Entscheidungen und verhindern, dass du dein volles Potenzial entfalten kannst.

Selbstsabotage: Die Kunst, sich selbst zu Fall zu bringen

Selbstsabotage tritt in vielen Formen auf, aber die meisten Menschen erkennen sie nicht, weil sie so subtil ist. Du schiebst Dinge auf, weil du „keine Zeit" hast. Du gehst Herausforderungen aus dem Weg, weil du „noch nicht bereit" bist.

Und du meidest Gelegenheiten, weil du „nicht gut genug" bist. Diese Ausreden sind nichts anderes als der Ausdruck deiner inneren Überzeugungen, die dich davon abhalten, dich weiterzuentwickeln.

Selbstsabotage ist der schleichende, heimtückische Feind, der dich glauben lässt, dass du dir selbst etwas Gutes tust, indem du dich zurückhältst. Doch in Wahrheit nimmst du dir die Chance, großartig zu sein.

Angst als der wahre Saboteur: Wovor fürchtest du dich wirklich?

Hinter all diesen Blockaden steht eine mächtige Kraft: Angst. Sie ist der unsichtbare Puppenspieler, der deine Entscheidungen lenkt, ohne dass du es merkst. Aber wovor hast du wirklich Angst? Versagen? Kritik? Erfolg?

Viele Menschen haben nicht nur Angst vor dem Scheitern, sondern paradoxerweise auch vor dem Erfolg. Sie fürchten sich davor, die Verantwortung zu übernehmen, die mit dem Erfolg einhergeht. Sie haben Angst, dass sie nach einem Erfolg noch mehr leisten müssen – und das könnte zu Versagen führen.

Deine Angst lässt dich klein spielen. Sie sagt dir, dass es besser ist, keinen Versuch zu wagen, als zu riskieren, zu scheitern.

Doch dieser Denkansatz führt dich nirgendwo hin. Angst ist nicht dein Feind – sie ist eine Illusion, die du selbst erschaffst.

Aufschieberitis: Das Symptom deiner inneren Blockaden

Ein Paradebeispiel für Selbstsabotage ist die Aufschieberitis. Wer kennt es nicht? Du hast etwas Wichtiges zu erledigen, aber plötzlich hast du unzählige „gute" Gründe, warum du es nicht jetzt tun kannst. Das ist nichts anderes als die Manifestation deiner inneren Ängste.

Indem du Dinge aufschiebst, vermeidest du die Auseinandersetzung mit deinen Ängsten. Doch Aufschieberitis ist der sicherste Weg in die Mittelmäßigkeit. Sie ist die Garantie, dass du nie dein volles Potenzial ausschöpfen wirst.

Kapitel 3

Der Unterschied zwischen Angst und Gefahr – Warum deine Angst eine Lüge ist

Angst ist eine mächtige Emotion, aber sie ist nicht dasselbe wie Gefahr. Doch genau hier liegt das Problem: Dein Gehirn kann den Unterschied oft nicht erkennen.

Es reagiert auf Angst so, als wäre sie eine reale Bedrohung, obwohl keine echte Gefahr besteht. Der erste Schritt, um deine Ängste zu überwinden, ist zu verstehen, dass Angst nicht real ist. Sie ist nur eine Reaktion deines Gehirns auf das Unbekannte oder das Unbequeme.

Angst vs. Gefahr: Was ist der Unterschied?

Gefahr ist real. Wenn du vor einem wildgewordenen Löwen stehst, ist die Angst vor dem Angriff eine sinnvolle Reaktion.

Doch in den meisten Situationen, mit denen wir heute konfrontiert sind, geht es nicht um Leben und Tod. Dein Gehirn kann jedoch nicht zwischen einer echten Bedrohung und einer emotionalen Angst unterscheiden. Du fürchtest dich vor dem Versagen, vor der Kritik oder vor dem Unbekannten – aber was ist die wirkliche Gefahr? Die Antwort: Es gibt keine.

Dein Gehirn liebt Angst – als Schutzmechanismus

Dein Gehirn ist darauf programmiert, dich vor Gefahren zu schützen, aber in der modernen Welt führt diese Programmierung oft zu irrationalen Ängsten. Dein Gehirn bewertet jede neue, unbekannte Situation als potenzielle Bedrohung und versucht, dich zu warnen.

Das Problem dabei ist, dass diese Ängste in den meisten Fällen unbegründet sind. Sie basieren nicht auf echten Gefahren, sondern auf emotionalen Reaktionen.

Du hast Angst, bei einem neuen Projekt zu versagen? Dein Gehirn will dich davor schützen, dich schlecht zu fühlen. Aber was ist die tatsächliche Gefahr? Du könntest wertvolle Lektionen lernen, wenn du scheiterst. Angst schützt dich also nicht – sie hält dich klein.

Irrationale Ängste erkennen und bekämpfen: Der Weg aus der Falle

Der Schlüssel zum Erfolg liegt darin, deine irrationale Angst zu erkennen und sie zu überwinden. Eine Technik, die dabei hilft, ist die Rationalisierung. Hinterfrage deine Ängste: Was könnte schlimmstenfalls passieren, wenn du versagst? Was könnte im besten Fall passieren, wenn du erfolgreich bist?

In den meisten Fällen wirst du feststellen, dass die schlimmstmöglichen Konsequenzen weit weniger gravierend sind, als du dir vorgestellt hast.

Diesen Prozess bewusst durchzugehen, nimmt der Angst ihre Macht.

Achtsamkeit: Den Moment erleben, anstatt von der Angst kontrolliert zu werden

Ein weiterer mächtiger Weg, um irrationale Ängste zu bekämpfen, ist die Achtsamkeit. Achtsamkeit bedeutet, den gegenwärtigen Moment bewusst zu erleben, ohne ihn zu bewerten oder zu fürchten. Anstatt dich von der Angst in die Zukunft treiben zu lassen, kannst du lernen, im Hier und Jetzt zu bleiben.

Dadurch wird es dir leichter fallen, dich nicht von irrationalen Ängsten leiten zu lassen.

Provokante Frage: Bist du ein Opfer deiner Angst oder der Held deiner Geschichte?

Die harte Wahrheit ist: Du hast die Wahl. Du kannst ein Opfer deiner Ängste bleiben und in deiner Komfortzone verharren, oder du entscheidest dich dafür, der Held deiner eigenen Geschichte zu sein. Es ist leicht, Ausreden zu finden und sich selbst zu sabotieren – es erfordert Mut, sich seinen Ängsten zu stellen und sie zu überwinden.

Doch das ist der einzige Weg, um echten Erfolg zu erreichen.

Willst du weiter klein spielen, weil deine Angst es dir befiehlt? Oder willst du endlich die Kontrolle übernehmen und dein volles Potenzial entfalten? Der Unterschied zwischen Angst und Gefahr ist entscheidend. Gefahr ist real, aber Angst ist eine Lüge, die du dir selbst erzählst. Es ist an der Zeit, dieser Lüge ein Ende zu setzen und den Erfolg zu erreichen, der dir zusteht.

Fazit: Deine Ängste sind das größte Hindernis – aber sie sind nicht real

Wenn du ehrlich mit dir selbst bist, wirst du erkennen, dass es nicht die äußeren Umstände sind, die dich zurückhalten. Es sind deine eigenen Ängste, deine inneren Überzeugungen und deine Selbstsabotage.

Doch all diese Hindernisse existieren nur in deinem Kopf. Es gibt keine echte Gefahr – nur die Angst, die du selbst erschaffen hast.

Erfolg beginnt, wenn du aufhörst, dir selbst im Weg zu stehen. Wenn du erkennst, dass deine Ängste nicht real sind, wirst du den Mut finden, deine Komfortzone zu verlassen und die Person zu werden, die du sein kannst.

Du bist dein größter Feind – aber du kannst auch dein größter Verbündeter werden.

Kapitel 4

Mut zur Veränderung – Kleine Schritte aus der Komfortzone

Wenn du bereit bist, dein Leben zu verändern, musst du zuerst den Mut aufbringen, die Komfortzone zu verlassen. Doch Veränderung wird oft als Bedrohung wahrgenommen. Der Gedanke daran, das Bekannte hinter sich zu lassen, kann überwältigend und beängstigend sein.

Aber was wäre, wenn ich dir sage, dass der Schlüssel zu nachhaltigem Erfolg nicht darin liegt, einen radikalen Sprung ins Unbekannte zu wagen, sondern stattdessen kleine, gezielte Schritte zu unternehmen?

Es ist an der Zeit, deine Denkweise über Veränderung zu revolutionieren. In diesem Kapitel erforschen wir, wie du den Mut zur Veränderung entwickeln kannst und warum kleine Schritte der effektivste Weg sind, um deine Komfortzone zu verlassen.

Veränderung als Bedrohung: Warum wir uns so oft zurückziehen

Warum empfinden wir Veränderung oft als Bedrohung? Die Antwort liegt tief in unserer Psychologie verwurzelt. Unsere Gehirne sind darauf programmiert, das Bekannte zu bevorzugen. Sicherheit und Stabilität geben uns das Gefühl, dass wir die Kontrolle haben.

Wenn wir also vor Veränderungen stehen, aktiviert unser Gehirn die Angst vor dem Unbekannten. Diese Angst kann lähmend sein und uns dazu bringen, in unserer Komfortzone zu verharren – selbst wenn wir wissen, dass uns das nicht weiterbringt.

Veränderung kann sich anfühlen wie das Verlassen eines sicheren Hafen, nur um in einen Sturm zu segeln. Diese Vorstellung kann so furchterregend sein, dass viele Menschen lieber im Sturm des Gewohnten bleiben, anstatt das Risiko einzugehen, neue Gewässer zu erkunden. Aber ist es nicht an der Zeit, die Gewohnheiten, die uns zurückhalten, in Frage zu stellen?

Der Nutzen von kleinen, inkrementellen Veränderungen: Die Macht der Mini-Schritte

Der radikale Sprung ins Unbekannte kann entmutigend sein und oft auch zum Scheitern verurteilt. Stattdessen solltest du die Macht der kleinen, inkrementellen Veränderungen erkennen. Ein berühmtes Zitat sagt: „Der Weg von tausend Meilen beginnt mit einem einzigen Schritt." Wenn du diesen ersten Schritt machst, ist das bereits eine Errungenschaft.

Stell dir vor, du möchtest deine Fitness verbessern. Anstatt dir vorzunehmen, jeden Tag ins Fitnessstudio zu gehen, beginne mit einem kurzen Spaziergang. Vielleicht 10 Minuten.

Das klingt machbar, oder? Dieser kleine Schritt führt nicht nur dazu, dass du dich besser fühlst, sondern er wird auch zu einem Sprungbrett für weitere Veränderungen. Jede kleine Veränderung schafft Momentum, und mit der Zeit werden die kleinen Schritte zu einer Gewohnheit, die du immer weiter ausbaust.

Setze SMART-Ziele: Der Weg zu messbarem Fortschritt

Um Veränderungen effektiv umzusetzen, ist es entscheidend, klare und erreichbare Ziele zu setzen. Hier kommen die SMART-Ziele ins Spiel. SMART steht für spezifisch, messbar, erreichbar, relevant und zeitlich gebunden. Durch die Anwendung dieser Methode kannst du sicherstellen, dass deine Ziele nicht nur Träume sind, sondern konkrete Schritte in die Realität.

- **Spezifisch:** Statt „Ich will fitter werden" formuliere „Ich will dreimal pro Woche 30 Minuten joggen."

- **Messbar:** Dokumentiere deine Fortschritte. „Ich jogge jeden Montag, Mittwoch und Freitag für 30 Minuten" gibt dir eine klare Basis.

- **Erreichbar:** Stelle sicher, dass deine Ziele realistisch sind. Wenn du noch nie gejoggt bist, starte vielleicht mit Gehen und steigere dich dann langsam.

- **Relevant:** Dein Ziel sollte für dich von Bedeutung sein. Wenn du nicht für einen Marathon trainieren möchtest, macht es keinen Sinn, dir dieses Ziel zu setzen.

- **Zeitlich gebunden:** Setze dir eine Frist. „Ich will in drei Monaten in der Lage sein, 5 km am Stück zu laufen."

Durch die Anwendung dieser Strategie schaffst du dir ein klares, erreichbares Ziel, das dir hilft, den Fokus auf den Prozess zu legen, anstatt dich von der Angst vor dem Endergebnis überwältigen zu lassen.

Gewohnheiten aufbauen: Der Schlüssel zum Fortschritt

Die Etablierung von Gewohnheiten ist entscheidend, um nachhaltig aus deiner Komfortzone herauszutreten. Es genügt nicht, sich nur einmal herauszufordern. Du musst eine Routine schaffen, die dich langfristig unterstützt. Hier sind einige Tipps, wie du Gewohnheiten aufbauen kannst, die Fortschritt fördern:

1. **Beginne klein:** Der Schlüssel zu einer neuen Gewohnheit ist es, sie klein und einfach zu halten. Wenn du zum Beispiel deine Ernährung umstellen möchtest, beginne damit, jeden Tag ein zusätzliches Stück Obst zu essen.

2. **Routinen schaffen:** Integriere deine neuen Gewohnheiten in bestehende Routinen.

Wenn du jeden Morgen Kaffee trinkst, nutze diese Zeit, um deine neuen Ziele zu planen oder ein paar Minuten zu meditieren.

3. **Belohnungen einbauen:** Setze Anreize für dich selbst. Nach einer Woche konsequenten Trainings kannst du dir beispielsweise eine neue Sportausrüstung gönnen. Belohnungen motivieren und fördern positive Verbindungen zu deinen neuen Gewohnheiten.

4. **Bleibe konsequent:** Wiederholung ist der Schlüssel zur Schaffung einer Gewohnheit. Statistisch gesehen dauert es etwa 21 Tage, um eine neue Gewohnheit zu etablieren. Sei geduldig mit dir selbst.

Das Mindset ändern: Von „Ich kann das nicht" zu „Ich werde es versuchen"

Der entscheidende Faktor für den Mut zur Veränderung ist ein Wechsel der Denkweise. Statt zu denken „Ich kann das nicht", frage dich: „Was ist der nächste Schritt, den ich tun kann?" Wenn du deine Denkweise von einer defizitorientierten

Perspektive zu einer wachstumsorientierten veränderst, eröffnest du dir neue Möglichkeiten.

Denke daran, dass jeder erfolgreiche Mensch einmal in deinen Schuhen stand.

Sie hatten auch Zweifel und Ängste, aber sie entschieden sich, kleine Schritte zu machen und sich nicht von ihren Ängsten aufhalten zu lassen. Veränderung ist ein Prozess, und es ist vollkommen in Ordnung, sich Zeit zu lassen.

Fazit: Die Macht des kleinen Schrittes

Mut zur Veränderung bedeutet nicht, dass du alles auf einmal verändern musst. Es bedeutet, die ersten Schritte in die richtige Richtung zu wagen und sich dabei auf den Prozess und die kleinen Erfolge zu konzentrieren.

Du kannst deine Komfortzone schrittweise verlassen, indem du SMART-Ziele setzt und neue Gewohnheiten etablierst.

Denke daran: Veränderung ist nicht nur ein Ziel, sondern eine Reise. Jedes kleine Schrittchen bringt dich näher zu dem Leben, das du dir wünschst. Der Schlüssel liegt darin, den ersten Schritt zu machen und dabei zu erkennen, dass selbst der kleinste Schritt ein großer Erfolg ist.

Es ist an der Zeit, den Mut zur Veränderung zu finden und die Kontrolle über dein Leben zurückzugewinnen!

Kapitel 5

Die Macht der positiven Gewohnheiten

In einer Welt, die von hektischen Zeitplänen, Ablenkungen und kurzfristigen Zielen geprägt ist, stellen sich viele die Frage: Wie schaffen es einige Menschen, konsequent erfolgreich zu sein? Die Antwort liegt in der Macht der Gewohnheiten. Gewohnheiten sind die unsichtbaren Fäden, die unser tägliches Leben zusammenhalten, und sie können den Unterschied zwischen Erfolg und Misserfolg ausmachen.

In diesem Kapitel tauchen wir tief in die Wissenschaft der Verhaltensänderung ein und zeigen, wie der Aufbau positiver Gewohnheiten der Schlüssel zu nachhaltigem Erfolg ist.

Gewohnheiten als Schlüssel zum Erfolg: Warum sind sie so wichtig?

Die Rolle der Gewohnheiten im persönlichen Erfolg ist nicht zu unterschätzen. Studien zeigen, dass etwa 40-50 % unserer täglichen Handlungen Gewohnheiten sind – automatisierte Verhaltensweisen, die wir unbewusst ausführen. Wenn wir uns darüber im Klaren sind, dass unsere Gewohnheiten uns entweder voranbringen oder zurückhalten, wird klar, dass wir diese aktiv gestalten müssen.

Das Geheimnis erfolgreicher Menschen liegt oft nicht in ihrem Wissen oder ihren Fähigkeiten, sondern in ihren Gewohnheiten.

Sie haben es geschafft, positive Routinen zu etablieren, die ihnen helfen, ihre Ziele zu erreichen. Gewohnheiten sind die Bausteine unserer Identität. Wenn du dich beispielsweise als Leser identifizierst, wird das tägliche Lesen nicht als Pflicht, sondern als Teil deiner Identität wahrgenommen. Diese Veränderung der Perspektive kann den entscheidenden Unterschied in deiner Motivation ausmachen.

Minimalgewohnheiten: Kleine Schritte mit großer Wirkung

Im Kern geht es darum, Minimalgewohnheiten zu entwickeln – das sind kleine, einfache Routinen, die du täglich umsetzen kannst, um langfristige Veränderungen herbeizuführen. Anstatt zu versuchen, dein ganzes Leben auf einmal umzukrempeln, solltest du dich auf die kleinsten, machbaren Schritte konzentrieren.

Beispiele für Minimalgewohnheiten sind:

- **Tägliches Lesen:** Nur 10 Seiten pro Tag zu lesen kann dir helfen, 12 Bücher pro Jahr zu konsumieren. Es mag nicht nach viel erscheinen, aber die kumulierten Effekte sind enorm.

- **Reflexion:** Nimm dir jeden Abend 5 Minuten Zeit, um deinen Tag zu reflektieren. Was hast du gelernt? Was hättest du besser machen können? Diese einfache Gewohnheit fördert persönliches Wachstum.

- **Körperliche Aktivität:** Anstatt dir vorzunehmen, jeden Tag eine Stunde im Fitnessstudio zu verbringen, beginne mit 5 Minuten Bewegung. Ein kurzes Workout am Morgen kann dein Energieniveau für den Tag erheblich steigern.

Minimalgewohnheiten sind ein kraftvolles Werkzeug, um deine Komfortzone schrittweise zu verlassen, ohne dich überfordert zu fühlen. Sie ermutigen dich dazu, in kleinen Schritten Fortschritte zu erzielen, was letztendlich zu einem dauerhaften Wandel führt.

Konsistenz über Intensität: Der Schlüssel zur Veränderung

Eines der größten Missverständnisse in Bezug auf Gewohnheiten ist die Annahme, dass man sofortige und drastische Veränderungen vornehmen muss, um erfolgreich zu sein. Stattdessen ist es die Konsistenz, die den größten Einfluss auf dein Leben hat.

Ein kurzes, intensives Workout einmal pro Woche bringt dir weniger als ein tägliches, leichtes Training. Es sind die kleinen, konsistenten Handlungen, die sich im Laufe der Zeit summieren und zu beeindruckenden Ergebnissen führen. Wenn du also eine neue Gewohnheit etablieren möchtest, konzentriere dich darauf, sie jeden Tag, auch wenn es nur für kurze Zeit ist, umzusetzen. Über die Zeit wirst du sehen, wie sich diese kleinen Veränderungen zu einer signifikanten Verbesserung deines Lebens addieren.

Techniken zum Brechen schlechter Gewohnheiten

Schlechte Gewohnheiten abzulegen kann genauso herausfordernd sein wie das Etablieren neuer positiver Gewohnheiten. Aber die gute Nachricht ist:

Es gibt effektive Techniken, die dir helfen können, diese Muster zu durchbrechen:

1. **Bewusstsein schaffen:** Der erste Schritt, um eine schlechte Gewohnheit zu brechen, ist, sich ihrer bewusst zu werden. Führe ein Tagebuch, in dem du dokumentierst, wann und warum du in alte Muster zurückfällst. Dies kann dir helfen, die Auslöser zu identifizieren.

2. **Umgebung anpassen:** Unsere Umgebung hat einen erheblichen Einfluss auf unsere Gewohnheiten. Wenn du beispielsweise versuchst, weniger zu naschen, halte ungesunde Snacks außer Sichtweite oder gar nicht im Haus. Schaffe stattdessen eine Umgebung, die deine positiven Gewohnheiten unterstützt.

3. **Ersatzgewohnheiten entwickeln:** Anstatt einfach zu versuchen, eine schlechte Gewohnheit zu stoppen, ersetze sie durch eine positive. Wenn du zum Beispiel dazu neigst, abends im Internet zu surfen, versuche stattdessen, ein Buch zu lesen oder zu meditieren.

4. **Accountability:** Teile deine Ziele mit Freunden oder einer Gruppe. Die

Verantwortung gegenüber anderen kann eine starke Motivation sein, an deinen positiven Gewohnheiten festzuhalten und schlechte Gewohnheiten zu vermeiden.

Der langfristige Fokus: Gewohnheiten als Lebensstil

Schließlich ist es wichtig, den langfristigen Fokus nicht aus den Augen zu verlieren. Gewohnheiten sollten nicht als einmalige Anstrengung betrachtet werden, sondern als integraler Bestandteil deines Lebensstils. Du wirst nicht jeden Tag perfekt sein, und das ist in Ordnung.

Wichtig ist, dass du dir der Bedeutung deiner Gewohnheiten bewusst bist und kontinuierlich daran arbeitest, sie zu verbessern.

Denke daran: Erfolg geschieht nicht über Nacht. Es ist das Resultat konsequenter Anstrengungen, kleiner Schritte und positiver Gewohnheiten, die du im Laufe der Zeit etabliert hast. Wenn du deine Gewohnheiten transformierst, transformierst du dein Leben.

Fazit: Die transformative Kraft positiver Gewohnheiten

Die Macht der positiven Gewohnheiten ist nicht zu unterschätzen. Sie sind die Grundlage für persönlichen und beruflichen Erfolg. Anstatt auf kurzfristige Motivation zu setzen, konzentriere dich darauf, konsistente, minimalistische Gewohnheiten zu etablieren, die dir helfen, langfristige Veränderungen zu erreichen.

Lerne, schlechte Gewohnheiten zu brechen und positive in dein Leben zu integrieren. Der Weg mag herausfordernd sein, aber die Belohnungen sind es wert.

Am Ende wirst du erkennen, dass du die Kontrolle über dein Leben hast und dass der Schlüssel zu deinem Erfolg in den kleinen, täglichen Entscheidungen liegt, die du triffst. Es ist an der Zeit, die Macht der positiven Gewohnheiten zu nutzen und dein Leben nachhaltig zu verändern!

Kapitel 6

Das Umfeld gestalten – Erfolgsfördernde Umgebung

Die Wahrheit ist: Du bist das Produkt deiner Umgebung. In diesem Kapitel werfen wir einen provokanten Blick auf die entscheidende Rolle, die dein Umfeld für deinen persönlichen und beruflichen Erfolg spielt.

Erfolg ist kein isoliertes Ereignis – er geschieht in einem sozialen und physischen Kontext. Um zu wachsen, musst du nicht nur in die richtige Richtung streben, sondern auch sicherstellen, dass dein Umfeld dich auf diesem Weg unterstützt. Lass uns herausfinden, wie du ein Umfeld schaffen kannst, das deine Ambitionen fördert und deine Träume Realität werden lässt.

Die Rolle eines positiven Netzwerks: Der Schlüssel zu deinem Erfolg

Wenn du erfolgreich sein willst, musst du das richtige Netzwerk um dich herum aufbauen.

Menschen, die an deinem Erfolg interessiert sind, bieten Unterstützung, Inspiration und Zugang zu Möglichkeiten, die du alleine möglicherweise nie erreichen würdest. Die Macht eines positiven Netzwerks ist nicht zu unterschätzen. Es ist wie eine unsichtbare Kraft, die dir den Rücken stärkt und dir hilft, über dich hinauszuwachsen.

Aber was macht ein positives Netzwerk aus? Es geht nicht nur um die Anzahl der Kontakte, die du hast, sondern um die Qualität dieser Beziehungen. Umgib dich mit Menschen, die ambitioniert, unterstützend und positiv sind. Diese Menschen werden dich nicht nur anfeuern, sondern auch herausfordern und dir wertvolles Feedback geben, das dir hilft, zu wachsen.

Stell dir vor, du bist umgeben von Gleichgesinnten, die deine Ziele teilen. In solchen Umgebungen entstehen Synergien, die zu innovativen Ideen und neuen Perspektiven führen können. Dein Netzwerk sollte ein Katalysator für dein persönliches Wachstum sein – eine Quelle der Inspiration und Unterstützung, die dich anspornt, deine Komfortzone zu verlassen und neue Höhen zu erreichen.

Mentoren finden: Der Weg zu wertvollem Wissen

Ein weiterer entscheidender Aspekt eines erfolgsfördernden Umfelds ist das Vorhandensein von Mentoren. Mentoren sind Menschen, die bereits dort sind, wo du hin möchtest. Sie verfügen über Erfahrungen und Kenntnisse, die du dir aneignen kannst. Ein guter Mentor bietet dir nicht nur Ratschläge, sondern auch wertvolles Feedback und Unterstützung, wenn du auf Hindernisse stößt.

Die Suche nach einem Mentor ist oft herausfordernd, aber die Mühe lohnt sich. Beginne damit, Menschen in deinem Netzwerk zu identifizieren, die in deinem gewünschten Bereich erfolgreich sind. Suche nach Möglichkeiten, um mit ihnen in Kontakt zu treten – sei es durch Networking-Events, Online-Plattformen oder persönliche Empfehlungen. Wenn du einmal einen Mentor gefunden hast, sei bereit, aktiv von ihm zu lernen und ihn nach seinen Erfahrungen zu fragen. Denke daran, dass Mentoren oft gerne ihr Wissen teilen, wenn sie sehen, dass du ernsthaft an deinem Wachstum interessiert bist.

Die physische Umgebung als Erfolgsfaktor: Arbeitsplatz, Routine und Minimierung von Ablenkungen

Die physische Umgebung, in der du dich befindest, hat einen enormen Einfluss auf deine Produktivität und Kreativität. Ein chaotischer Arbeitsplatz, ständige Ablenkungen und ein unorganisierter Raum können dich von deinem Fokus ablenken und deine Leistung beeinträchtigen. Es ist an der Zeit, die Kontrolle über deine physische Umgebung zu übernehmen und sie so zu gestalten, dass sie deinen Zielen dient.

Beginne mit deinem Arbeitsplatz. Ist er ordentlich und inspirierend? Hast du eine klare Struktur, die dir hilft, konzentriert zu bleiben? Wenn nicht, nimm dir die Zeit, ihn zu organisieren und zu gestalten. Schaffe einen Raum, der dir Freude bereitet und dich anspornt, produktiv zu sein. Füge persönliche Elemente hinzu, die dich motivieren, sei es Kunst, Pflanzen oder Zitate, die dich inspirieren.

Zusätzlich zu einem inspirierenden Arbeitsplatz solltest du auch deine Routinen überprüfen. Wie verbringst du deinen Tag? Welche Gewohnheiten unterstützen dich und welche nicht? Setze dir feste Zeiten für konzentriertes Arbeiten und Pausen. Minimale Ablenkungen sind entscheidend, um deinen Flow zu finden. Schalte Benachrichtigungen aus, halte dein Telefon außer Sichtweite und lege fest, wann du dich auf deine Aufgaben konzentrieren kannst.

Umgang mit negativen Einflüssen: Toxische Beziehungen und der Weg zur Befreiung

Negativität kann ansteckend sein. Toxische Beziehungen und negative Einflüsse in deinem Umfeld können dein persönliches Wachstum erheblich behindern. Es ist an der Zeit, sich mit der unangenehmen Wahrheit auseinanderzusetzen: Manche Menschen bringen uns nicht voran, sondern ziehen uns zurück.

Identifiziere die Menschen in deinem Umfeld, die dir nicht gut tun. Sind es Freunde, Kollegen oder sogar Familienmitglieder? Oft ist es schwierig, sich von solchen Beziehungen zu distanzieren, da sie tief verwurzelt sind. Aber erinnere dich daran, dass dein Erfolg und dein Wohlbefinden an erster Stelle stehen sollten. Lerne, Grenzen zu setzen und dich von toxischen Einflüssen zu distanzieren.

Es mag schmerzhaft sein, diese Beziehungen zu beenden, aber die Freiheit, die du gewinnst, wird dir die Möglichkeit geben, Platz für positive und unterstützende Menschen in deinem Leben zu schaffen. Denke daran: Wenn du weiterhin Zeit mit Menschen verbringst, die dich belasten, wirst du niemals die Energie und Motivation finden, die du brauchst, um erfolgreich zu sein.

Fazit: Ein Umfeld für Wachstum gestalten

In diesem Kapitel haben wir die Bedeutung eines unterstützenden Umfelds für den persönlichen und beruflichen Erfolg untersucht. Dein Umfeld kann dich aufbauen oder dich niederdrücken. Es liegt an dir, es so zu gestalten, dass es dich fördert. Baue ein positives Netzwerk auf, finde Mentoren, optimiere deine physische Umgebung und distanziere dich von negativen Einflüssen.

Erfolg geschieht nicht im Vakuum. Es ist eine Zusammenarbeit zwischen dir und deinem Umfeld. Wenn du in eine Umgebung eintauchst, die Wachstum, Kreativität und Unterstützung fördert, bist du auf dem besten Weg, deine Ziele zu erreichen und das Leben zu führen, das du dir wünschst. Du hast die Kontrolle. Gestalte dein Umfeld, und es wird dir helfen, zu wachsen und erfolgreich zu sein!

Kapitel 7

Scheitern als Lernprozess

Scheitern – ein Wort, das vielen Menschen einen kalten Schauer über den Rücken jagt. Die Angst vor dem Versagen kann lähmend wirken und uns in unserer Entwicklung zurückhalten. Doch was wäre, wenn wir Scheitern nicht als das Ende, sondern als den Anfang eines Lernprozesses betrachten würden?

In diesem Kapitel begeben wir uns auf eine provokante Reise, um zu verstehen, wie Rückschläge nicht nur unvermeidlich, sondern auch entscheidend für unseren Erfolg sind. Lass uns die veralteten Vorstellungen vom Scheitern ablegen und stattdessen seine transformative Kraft entdecken.

Der Unterschied zwischen Misserfolg und Scheitern

Um Scheitern zu verstehen, müssen wir zunächst den Unterschied zwischen Misserfolg und Scheitern klären. Misserfolg ist oft ein isoliertes Ereignis – ein Projekt, das nicht erfolgreich war, eine Prüfung, die nicht bestanden wurde. Scheitern hingegen ist eine tiefere, umfassendere Erfahrung, die oft mit der eigenen Identität verknüpft wird. Es ist die Angst, nicht gut genug zu sein oder die eigenen Träume nicht zu verwirklichen. Diese emotionale Verbindung macht es so schwer, mit dem Scheitern umzugehen.

Es ist wichtig, diese beiden Konzepte zu entwirren. Misserfolge sind nur Schritte auf dem Weg zum Erfolg. Sie sind Gelegenheiten, um zu lernen, sich anzupassen und zu wachsen.

Scheitern hingegen ist das Ergebnis einer falschen Perspektive, die dich glauben lässt, dass du nicht die Fähigkeiten oder das Talent hast, um deine Ziele zu erreichen. Der Schlüssel liegt darin, Misserfolge zu akzeptieren und sie nicht zu einem Teil deiner Identität zu machen. Du bist nicht dein Misserfolg, sondern das, was du daraus machst.

Rückschläge analysieren: Der Schlüssel zum Lernen

Jeder Rückschlag bietet eine einzigartige Gelegenheit zur Analyse. Die Fähigkeit, Rückschläge objektiv zu betrachten und zu analysieren, ist eine der wertvollsten Fähigkeiten, die du entwickeln kannst. Statt dich von deinen Gefühlen leiten zu lassen, solltest du dich fragen: Was ist schiefgelaufen? Warum ist es schiefgelaufen? Was kann ich daraus lernen?

Nehme dir Zeit, um den Rückschlag zu reflektieren. Schreibe deine Gedanken auf, um Klarheit zu gewinnen. Oft erkennen wir erst durch das Schreiben, welche Muster in unserem Handeln und Denken fest verankert sind.

Wenn du diese Muster identifizieren kannst, kannst du die notwendigen Veränderungen vornehmen, um in Zukunft besser vorbereitet zu sein. Scheitern wird so zu einem strategischen Werkzeug, das dir hilft, deine Fähigkeiten und dein Wissen zu erweitern.

Die Bedeutung von Resilienz: Warum manche Menschen stärker zurückkommen

Resilienz ist die Fähigkeit, sich von Rückschlägen zu erholen und gestärkt aus ihnen hervorzugehen. Diese Eigenschaft ist entscheidend für den Umgang mit Misserfolgen. Menschen mit hoher Resilienz sehen Herausforderungen nicht als unüberwindbare Hindernisse, sondern als Gelegenheiten zur Weiterentwicklung.

Sie akzeptieren, dass Scheitern ein natürlicher Teil des Lebens ist und verstehen, dass der Schlüssel zum Erfolg darin liegt, sich nach einem Rückschlag schnell wieder zu erheben.

Resilienz kann erlernt und gestärkt werden. Praktiken wie Achtsamkeit, positive Selbstgespräche und das Setzen realistischer Erwartungen können dabei helfen, die eigene Widerstandsfähigkeit zu erhöhen. Lerne, in schwierigen Zeiten auf deine inneren Stärken zurückzugreifen, anstatt dich in Selbstzweifeln zu verlieren. Je mehr du dich mit Resilienz beschäftigst, desto besser wirst du darin, Rückschläge als Sprungbrett für deinen Erfolg zu nutzen.

Beispiele berühmter Persönlichkeiten: Scheitern als Sprungbrett zum Erfolg

Lass uns einige inspirierende Beispiele erfolgreicher Menschen betrachten, die durch Scheitern gewachsen sind. Thomas Edison, der Erfinder der Glühbirne, scheiterte über 1.000 Mal, bevor er endlich den Durchbruch erzielte.

Anstatt aufzugeben, sah er jedes Scheitern als einen Schritt näher zum Erfolg. Seine berühmte Aussage: „Ich habe nicht versagt. Ich habe nur 1.000 Wege gefunden, die nicht funktionieren", zeigt, wie wichtig es ist, die richtige Einstellung zum Scheitern zu haben.

Ein weiteres Beispiel ist J.K. Rowling, die Schöpferin von Harry Potter. Bevor sie mit ihrem ersten Buch großen Erfolg hatte, wurde sie von mehreren Verlagen abgelehnt. Statt sich entmutigen zu lassen, glaubte sie an ihre Geschichte und setzte ihren Traum fort. Heute ist sie eine der erfolgreichsten Autorinnen aller Zeiten und eine Inspiration für Millionen von Menschen.

Diese Geschichten zeigen, dass Scheitern nicht das Ende, sondern oft der Anfang eines bemerkenswerten Erfolgs ist.

Wenn du dich von den Ängsten des Scheiterns befreien kannst, wirst du in der Lage sein, deine wahren Potenziale zu entfalten und die Erfolge zu erreichen, von denen du immer geträumt hast.

Fazit: Scheitern als Wegweiser

Scheitern ist kein Makel, sondern ein unvermeidlicher Teil des Erfolgsprozesses. Es ist eine Lernerfahrung, die dir helfen kann, zu wachsen und dich weiterzuentwickeln. Indem du Misserfolge analysierst, Resilienz aufbaust und dich von inspirierenden Geschichten leiten lässt, kannst du die transformative Kraft des Scheiterns erkennen.

Gib dem Scheitern keinen negativen Einfluss auf dein Leben – nimm es stattdessen an und nutze es als Wegweiser, der dich in die richtige Richtung führt. Erfolg ist nicht das Ergebnis des Vermeidens von Rückschlägen, sondern des mutigen Umgangs mit ihnen. Lass Scheitern für dich arbeiten und beobachte, wie du über dich hinauswächst!

Kapitel 8

Erfolg ist ein Prozess, kein Ziel

Stell dir vor, du stehst am Fuße eines Berges. Die Spitze ist das Ziel, das du anstrebst – der Erfolg, von dem du träumst. Du hast deine Ausrüstung dabei, aber während du dich auf den Weg machst, stellst du fest, dass die Aussicht auf dem Weg nach oben atemberaubend ist.

Du siehst die kleinen Veränderungen in dir selbst und bemerkst die Schönheit um dich herum. Das ist der Moment, in dem du begreifst: Erfolg ist nicht nur die Spitze des Berges.

Erfolg ist jeder Schritt, den du machst, jeder Atemzug, den du nimmst, und jede Lektion, die du lernst. In diesem Kapitel werden wir die provokante Vorstellung betrachten, dass Erfolg kein Ziel, sondern ein kontinuierlicher Prozess ist.

Erfolg als fortlaufender Prozess

In der heutigen schnelllebigen Welt sind wir oft auf der Suche nach dem schnellen Erfolg. Wir sehen

Instagram-Posts von Menschen, die ihre „Erfolgsgeschichten" in Sekunden erzählen, und wir glauben, dass Erfolg sofortige Belohnung bedeutet. Doch das ist eine Illusion. Erfolg ist ein Prozess, der sich über Zeit entfaltet.

Jeder Mensch hat seine eigene Definition von Erfolg. Für den einen mag es die berufliche Anerkennung sein, für den anderen die Erfüllung in der Familie oder das Finden des eigenen Lebenssinns.

Der Schlüssel liegt darin, zu erkennen, dass der Weg zum Erfolg ebenso wichtig ist wie das Endziel. Jedes kleine Fortschrittserlebnis, jede Herausforderung, die du überwindest, ist ein Teil deiner persönlichen Erfolgsgeschichte.

Wenn du deinen Fokus ausschließlich auf das Endziel legst, verpasst du all die wertvollen Lektionen und Erfahrungen, die dich auf deinem Weg begleiten.

Die Illusion des Perfektionismus

Das Streben nach Perfektion kann ein lähmendes Hindernis auf dem Weg zum Erfolg sein. Viele Menschen halten sich selbst davon ab, Fortschritte zu machen, weil sie glauben, dass sie perfekt sein müssen, bevor sie überhaupt beginnen können.

Dieses Bedürfnis nach Perfektion führt oft zu Prokrastination und Selbstzweifeln.

Es ist wichtig zu verstehen, dass Perfektion eine Illusion ist. Es gibt keinen perfekten Moment, um zu handeln, und es gibt keine perfekte Methode, um zum Erfolg zu gelangen. Indem du dich von der Vorstellung des Perfektionismus befreist, öffnest du die Tür für echte Kreativität und Innovation.

Du erlaubst dir, Fehler zu machen, und das ist in Ordnung. Tatsächlich sind Fehler oft die besten Lehrer. Jedes Mal, wenn du einen Fehler machst, hast du die Möglichkeit, zu lernen und zu wachsen. So wird der Prozess des Erfolgs zu einer spannenden Reise, anstatt zu einer belastenden Pflicht.

Die Bedeutung von Selbstreflexion und kontinuierlichem Lernen

Selbstreflexion ist ein entscheidender Bestandteil des Erfolgsprozesses. Sie ermöglicht es dir, innezuhalten und zu überlegen, wo du stehst und wohin du gehen möchtest.

Durch regelmäßige Selbstreflexion kannst du deine Ziele anpassen, neue Strategien entwickeln und sicherstellen, dass du auf dem richtigen Weg bist.

Kontinuierliches Lernen ist der Schlüssel zu persönlichem Wachstum. In einer Welt, die sich ständig verändert, ist es wichtig, flexibel und anpassungsfähig zu bleiben. Suche aktiv nach Möglichkeiten, um dein Wissen zu erweitern und deine Fähigkeiten zu verbessern.

Dies könnte durch formale Bildung, Selbststudium oder den Austausch mit anderen erfolgen. Indem du die Bereitschaft zeigst, ständig zu lernen, kannst du deine eigene Sichtweise erweitern und neue Perspektiven gewinnen, die dich auf deinem Weg zum Erfolg unterstützen.

Mitgefühl mit dir selbst: Den Weg genießen

Auf dem Weg zum Erfolg ist es entscheidend, Mitgefühl mit dir selbst zu zeigen. Wir sind oft unsere eigenen schärfsten Kritiker, und wir neigen dazu, uns für unsere Fehler und Misserfolge zu verurteilen. Doch genau wie du es mit einem Freund tun würdest, solltest du auch mit dir selbst freundlich und verständnisvoll umgehen.

Erlaube dir, den Prozess zu genießen. Erkenne an, dass es in Ordnung ist, nicht immer erfolgreich zu sein. Erfolge und Misserfolge sind Teil des Lebens und der persönlichen Entwicklung. Indem du dir selbst erlaubst, menschlich zu sein, schaffst du Raum für Kreativität, Freude und echtes Wachstum.

Fazit: Der Weg ist das Ziel

Am Ende des Tages ist es wichtig zu erkennen, dass Erfolg nicht der Schlusspunkt, sondern ein kontinuierlicher Prozess ist. Es ist der Weg, den du beschreitest, die Erfahrungen, die du sammelst, und die Person, die du auf diesem Weg wirst. Gib dir die Erlaubnis, imperfect zu sein, Fehler zu machen und zu wachsen.

Der wahre Erfolg liegt in der Fähigkeit, das Leben in vollen Zügen zu leben, während du auf deine Ziele hinarbeitest. Lass die Vorstellung von einem festen Ziel hinter dir und konzentriere dich stattdessen auf die Reise. Jeder Schritt, den du machst, bringt dich näher zu deiner einzigartigen Definition von Erfolg. Die Frage ist nicht, wo du ankommen möchtest, sondern wie du den Weg dorthin gestalten willst. Also nimm die Herausforderung an, genieße den Prozess und werde die beste Version von dir selbst!

Gesamt-Fazit
Erfolg ist erreichbar für jeden

Erfolg ist ein Begriff, der oft mit Reichtum, Ruhm oder sozialem Status assoziiert wird. Doch in Wirklichkeit ist Erfolg so viel mehr – es ist das Gefühl der Erfüllung, das Streben nach Zielen, die Überwindung von Herausforderungen und die ständige Weiterentwicklung.

Im abschließenden Fazit dieses Buches wird die zentrale Botschaft unterstrichen: Jeder Mensch hat das Potenzial, erfolgreich zu sein. Aber um dies zu erreichen, sind bestimmte Schritte notwendig, die Mut und Entschlossenheit erfordern. Lass uns tiefer eintauchen und herausfinden, wie du das erreichst.

Das Potenzial in jedem von uns

Es ist leicht zu glauben, dass Erfolg nur für bestimmte „auserwählte" Menschen reserviert ist – für die, die die richtigen Verbindungen haben, die besten Talente oder die glücklichen Umstände.

Diese Denkweise ist nicht nur falsch, sie ist auch gefährlich. Sie hindert uns daran, unser volles Potenzial zu erkennen und auszuschöpfen. Jeder

Mensch, unabhängig von Herkunft, Bildung oder bisherigen Erfahrungen, trägt das Potenzial in sich, Großes zu erreichen.

Der Schlüssel liegt im Glauben an sich selbst und in der Bereitschaft, hart zu arbeiten. Lass dich nicht von den Erzählungen anderer über ihre „Wunder" beeinflussen. Du bist in der Lage, dein eigenes Wunder zu schaffen. Du musst lediglich erkennen, dass die Fähigkeiten, die du benötigst, bereits in dir sind. Sie warten nur darauf, entfaltet zu werden.

Die Komfortzone als Hindernis

Die Komfortzone ist der Ort, an dem wir uns sicher und geborgen fühlen. Doch diese vermeintliche Sicherheit ist trügerisch. In der Komfortzone stagnieren wir, und das Potenzial, das wir in uns tragen, bleibt ungenutzt. Um Erfolg zu erreichen, ist es unerlässlich, die Komfortzone zu verlassen und das Unbekannte zu betreten.

Das Verlassen der Komfortzone erfordert Mut. Es ist nicht einfach, die gewohnten Muster zu durchbrechen und sich den Herausforderungen des Lebens zu stellen. Doch genau in diesen Herausforderungen liegt die Möglichkeit zur persönlichen Weiterentwicklung.

Jedes Mal, wenn du einen Schritt außerhalb deiner Komfortzone machst, stärkst du dein Selbstvertrauen und entwickelst neue Fähigkeiten. Diese Erlebnisse sind entscheidend für deinen Weg zum Erfolg.

Ängste überwinden: Der Weg zur Freiheit

Ängste sind natürliche Begleiter auf dem Weg zum Erfolg. Sie können lähmend wirken und uns davon abhalten, die notwendigen Schritte zu unternehmen. Oft haben diese Ängste ihre Wurzeln in vergangenen Erfahrungen oder negativen Glaubenssätzen. Doch die gute Nachricht ist: Ängste können überwunden werden.

Der erste Schritt besteht darin, deine Ängste zu erkennen und ihnen ins Auge zu sehen. Frage dich: Was genau fürchte ich? Warum halte ich mich zurück? Oft stellen wir fest, dass unsere Ängste irrational sind und auf Annahmen basieren, die nicht der Realität entsprechen.

Sobald du dir dieser Ängste bewusst bist, kannst du Strategien entwickeln, um sie zu überwinden. Sei es durch positive Selbstgespräche, Achtsamkeit oder das Setzen kleiner, erreichbarer Ziele – der

Schlüssel liegt darin, aktiv zu werden und nicht in der Angst zu verharren.

Den Prozess umarmen: Der Schlüssel zum Erfolg

Der Weg zum Erfolg ist kein geradliniger Pfad. Er ist voller Wendungen, Herausforderungen und unerwarteter Lektionen. Doch genau das macht die Reise spannend und lohnenswert. Indem du den Prozess umarmst, anstatt nur auf das Endziel zu fokussieren, entwickelst du eine gesunde Einstellung zu Erfolg und Misserfolg.

Erfolg ist nicht das Ziel, sondern das Ergebnis einer kontinuierlichen Reise. Jeder Schritt, den du machst, jede Herausforderung, die du überwindest, trägt zu deinem Wachstum bei. Erlaube dir, Fehler zu machen und aus ihnen zu lernen. Nimm dir Zeit, um deine Fortschritte zu reflektieren und die Lektionen zu schätzen, die du auf deinem Weg gelernt hast. Je mehr du den Prozess schätzt, desto erfüllender wird deine Reise zum Erfolg.

Eine ganzheitliche Anleitung zum persönlichen Wachstum

Dieses Buch bietet eine umfassende Anleitung, wie du dich nicht länger selbst im Weg stehst und stattdessen ein erfülltes und erfolgreiches Leben führst. Die zentralen Prinzipien – das Verlassen der Komfortzone, das Überwinden von Ängsten und das Umarmen des Prozesses – sind universell anwendbar und können von jedem umgesetzt werden.

Egal, wo du gerade stehst oder welche Herausforderungen du bewältigen musst, der erste Schritt liegt in deiner Hand. Glaube an dich selbst, ergreife die Initiative und setze die Schritte in die Tat um, die dich deinem persönlichen Erfolg näherbringen. Es ist nie zu spät, um zu wachsen und die Version von dir zu werden, die du immer sein wolltest.

Schlussgedanken: Erfolg für alle

Letztlich ist die Botschaft klar: Erfolg ist für jeden erreichbar, der bereit ist, die notwendigen Schritte zu unternehmen. Lass dich nicht von Zweifeln oder Ängsten zurückhalten. Du hast die Fähigkeit, dein Schicksal selbst in die Hand zu nehmen und die Erfüllung zu finden, nach der du suchst. Der Weg mag herausfordernd sein, aber er ist auch voller Möglichkeiten und Wunder.

Mach dich auf den Weg, und erinnere dich daran, dass jeder Schritt – egal wie klein – ein Schritt in die richtige Richtung ist. Erfolg ist nicht nur ein Ziel, es ist eine Reise, die dir erlaubt, die beste Version deiner selbst zu entdecken. Du bist es wert, erfolgreich zu sein – also fang heute an!

Mit diesen Top 20 wirst Du ab heute erfolgreicher!

1. Setze klare Ziele

Begründung: Klare Ziele geben deinem Leben Richtung und Fokus. Sie sind wie ein GPS-System, das dir hilft, deinen Weg zu finden und zu navigieren. Menschen, die konkrete Ziele setzen, sind in der Regel motivierter und engagierter, da sie wissen, worauf sie hinarbeiten. Ohne klare Ziele tendieren wir dazu, in der Routine zu verharren und wertvolle Zeit und Ressourcen zu verschwenden.

Wie: Beginne mit einer gründlichen Analyse deiner Werte und Interessen, um sicherzustellen, dass deine Ziele mit dem übereinstimmen, was dir wirklich wichtig ist. Schreibe deine Ziele in einem speziellen Notizbuch auf und unterteile sie in kurzfristige (3-6 Monate), mittelfristige (1-3 Jahre) und langfristige (5 Jahre und mehr) Ziele.

Stelle sicher, dass jedes Ziel spezifisch ist: Anstatt „Ich möchte fitter werden", formuliere es als „Ich möchte 5 Kilometer in unter 30 Minuten laufen". Überprüfe deine Fortschritte regelmäßig, mindestens einmal pro Monat, und passe deine Ziele bei Bedarf an.

2. Praktiziere Selbstreflexion

Begründung: Selbstreflexion ermöglicht es dir, aus deinen Erfahrungen zu lernen und bewusster zu leben.

Durch die Analyse deiner Handlungen und deren Auswirkungen kannst du Muster erkennen, die dich behindern, und Strategien entwickeln, um diese zu überwinden. Es fördert auch das Bewusstsein für deine Stärken und Schwächen, was entscheidend für persönliches Wachstum ist.

Wie: Nimm dir jeden Abend 10-15 Minuten Zeit, um in dein Journal zu schreiben. Überlege dir Fragen wie: „Was lief gut heute?", „Was habe ich gelernt?" und „Was könnte ich besser machen?"

Analysiere deine Emotionen und Entscheidungen, um Muster zu erkennen. Führe regelmäßig (z. B. wöchentlich oder monatlich) eine ausführliche Reflexion durch, in der du deine Fortschritte, Rückschläge und das, was du daraus gelernt hast, festhältst. Betrachte dies als einen kontinuierlichen Lernprozess.

3. Erstelle eine Morgenroutine

Begründung: Eine durchdachte Morgenroutine kann deinen Tag transformieren. Sie gibt dir nicht nur Energie, sondern auch einen klaren Fokus, während du deine Aufgaben angehst. Eine strukturierte Morgenroutine kann auch dazu beitragen, Stress abzubauen und deine Produktivität zu steigern, indem sie dir hilft, deine Gedanken zu ordnen und dich auf das Wesentliche zu konzentrieren.

Wie: Beginne deinen Tag mit einer kurzen Meditation oder Atemübung von 5-10 Minuten, um deinen Geist zu klären.

Anschließend integriere körperliche Aktivitäten wie Yoga, Joggen oder Krafttraining, um deinen Kreislauf in Schwung zu bringen.

Plane auch Zeit für das Lesen von inspirierenden Büchern oder Artikeln ein, um deinen Geist zu erweitern.

Setze dir konkrete Ziele für den Tag und schreibe diese auf, damit du einen klaren Plan hast, was du erreichen möchtest. Halte deine Routine konstant, um eine Gewohnheit zu entwickeln, die du langfristig aufrechterhalten kannst.

4. Priorisiere deine Aufgaben

Begründung: Die Fähigkeit, Prioritäten zu setzen, ist entscheidend für effektives Zeitmanagement. Wenn du weißt, welche Aufgaben am wichtigsten sind, kannst du deine Energie und Zeit auf die Aktivitäten konzentrieren, die den größten Einfluss auf deinen Erfolg haben. Viele Menschen verlieren sich in weniger wichtigen Aufgaben und fühlen sich am Ende des Tages frustriert, weil sie nicht das Wesentliche erreicht haben.

Wie: Nutze die Eisenhower-Matrix, um deine Aufgaben in vier Quadranten einzuteilen: wichtig und dringend, wichtig, aber nicht dringend, dringend, aber nicht wichtig und nicht dringend sowie nicht wichtig. Konzentriere dich zuerst auf die wichtigen Aufgaben, die zu deinem langfristigen Erfolg beitragen.

Erstelle jeden Morgen oder am Vorabend eine To-Do-Liste und priorisiere deine Aufgaben entsprechend. Überprüfe täglich, was du erreicht hast, und passe deine Prioritäten nach Bedarf an.

5. Vermeide Multitasking

Begründung: Multitasking verringert die Produktivität und die Qualität deiner Arbeit. Wenn du versuchst, mehrere Aufgaben gleichzeitig zu erledigen, kann das zu einer Überlastung führen und die Wahrscheinlichkeit erhöhen, dass du Fehler machst. Konzentriertes Arbeiten führt zu besseren Ergebnissen und einem stärkeren Gefühl der Erfüllung.

Wie: Konzentriere dich darauf, jeweils nur eine Aufgabe zu erledigen. Schalte alle Ablenkungen aus, bevor du mit einer Aufgabe beginnst – das schließt Benachrichtigungen auf deinem Handy und Computer ein.

Setze dir Zeitlimits (z. B. die Pomodoro-Technik: 25 Minuten konzentriertes Arbeiten, gefolgt von 5 Minuten Pause) und halte dich strikt daran. Wenn du eine Aufgabe abgeschlossen hast, nimm dir eine kurze Auszeit, bevor du mit der nächsten beginnst.

6. Lerne kontinuierlich

Begründung: Lebenslanges Lernen ist der Schlüssel zu persönlichem und beruflichem Wachstum.

Die Welt verändert sich ständig, und um konkurrenzfähig zu bleiben, ist es wichtig, neue Fähigkeiten zu erwerben und dein Wissen zu erweitern.

Menschen, die kontinuierlich lernen, sind nicht nur erfolgreicher, sondern auch zufriedener mit ihrem Leben.

Wie: Plane wöchentliche Lernzeiten in deinen Kalender ein. Nutze Online-Plattformen wie Coursera, Udemy oder LinkedIn Learning, um neue Kurse zu belegen. Setze dir ein Ziel, jeden Monat ein neues Thema zu vertiefen, sei es in deinem Berufsfeld oder in einem persönlichen Interessengebiet. Lies Fachliteratur, höre Podcasts oder schaue informative YouTube-Videos. Besuche auch lokale Workshops oder Seminare, um dein Netzwerk zu erweitern und von anderen zu lernen.

7. Umgebe dich mit positiven Menschen

Begründung: Dein soziales Umfeld hat einen erheblichen Einfluss auf deine Einstellung und Motivation.

Wenn du dich mit Menschen umgibst, die positiv denken und dich unterstützen, bist du eher bereit, Herausforderungen anzunehmen und deinen Erfolg zu verfolgen. Negative Einflüsse können dich demotivieren und von deinem Ziel ablenken.

Wie: Identifiziere Menschen in deinem Umfeld, die dich inspirieren und unterstützen. Suche aktiv nach neuen Kontakten, sei es durch Networking-Events, Gruppen oder soziale Medien. Nutze Plattformen wie Meetup, um Gleichgesinnte zu finden und regelmäßig zu treffen.

Verbringe Zeit mit Mentoren, die dir Ratschläge geben und dich in deiner Entwicklung unterstützen. Schaffe regelmäßige Treffen mit diesen Personen, um einen positiven Austausch zu fördern und voneinander zu lernen.

8. Übe Dankbarkeit

Begründung: Dankbarkeit verändert die Art und Weise, wie du die Welt um dich herum wahrnimmst. Studien zeigen, dass Menschen, die Dankbarkeit praktizieren, glücklicher und weniger gestresst sind. Sie sind eher in der Lage, Herausforderungen mit einer positiven Einstellung zu begegnen, was ihre Resilienz und ihr allgemeines Wohlbefinden verbessert.

Wie: Beginne oder beende jeden Tag mit dem Schreiben von drei Dingen, für die du dankbar bist. Dies kann in einem speziellen Dankbarkeitstagebuch oder einfach auf deinem Handy erfolgen.

Versuche, auch in schwierigen Zeiten Dankbarkeit zu praktizieren, um deine Perspektive zu ändern. Überlege, welche Lektionen du aus Herausforderungen gelernt hast und wie diese Erfahrungen dich stärker gemacht haben. Teile deine Dankbarkeit auch mit anderen, um positive Beziehungen zu fördern.

9. Entwickle gesunde Gewohnheiten

Begründung: Gesundheit ist die Grundlage für jeden Erfolg. Wenn du dich körperlich und geistig gut fühlst, bist du leistungsfähiger und kannst deine Ziele mit mehr Energie und Fokus verfolgen. Schlechte Gewohnheiten, wie ungesunde Ernährung und Bewegungsmangel, können zu Erschöpfung und Demotivation führen.

Wie: Starte mit kleinen Veränderungen in deinem Lebensstil. Plane z.B. jeden Tag 30 Minuten Bewegung ein, sei es ein Spaziergang, Joggen oder eine Fitnessstunde. Integriere mehr Obst und Gemüse in deine Mahlzeiten, und achte darauf, ausreichend Wasser zu trinken.

Lege auch eine feste Schlafenszeit fest, um sicherzustellen, dass du genügend Erholung bekommst. Halte deine Fortschritte fest und passe deine Ziele bei Bedarf an. Du könntest auch ein

Gesundheitsjournal führen, um deine Ernährung und Bewegung zu tracken.

10. Finde deine Leidenschaft

Begründung: Leidenschaft treibt dich an und macht die Arbeit lohnenswerter. Wenn du etwas tust, das du liebst, bist du motivierter und engagierter. Leidenschaft sorgt auch dafür, dass du in schwierigen Zeiten durchhältst und die Herausforderungen annimmst, die mit dem Verfolgen deiner Ziele einhergehen.

Wie: Nimm dir Zeit, um über deine Interessen nachzudenken. Probiere verschiedene Aktivitäten aus, sei es durch Hobbys, Kurse oder Freiwilligenarbeit.

Stelle Fragen wie: „Was habe ich als Kind gerne gemacht?", „Was gibt mir Energie?". Frage dich, welche Tätigkeiten dir Freude bereiten und wie du diese in deinen Alltag integrieren kannst. Du kannst auch Menschen, die du bewunderst, nach ihren Leidenschaften und wie sie diese entdeckt haben, fragen, um Inspiration zu erhalten.

11. Setze Grenzen

Begründung: Grenzen zu setzen ist entscheidend, um deine Zeit und Energie zu schützen. Ohne klare Grenzen kannst du dich schnell überfordert fühlen und in ein Gefühl der Entmutigung verfallen. Gute Grenzen helfen dir, deine Energie auf das Wesentliche zu konzentrieren und deine Ziele nicht aus den Augen zu verlieren.

Wie: Lerne, höflich „Nein" zu sagen, wenn du überfordert bist oder eine Aufgabe nicht mit deinen Zielen übereinstimmt.

Setze klare Erwartungen an deine Zeit und kommuniziere diese an andere. Erstelle eine Liste von Aufgaben und Verpflichtungen, die du wirklich übernehmen möchtest, und halte dich daran. Nutze Techniken wie das Setzen von Zeitlimits für Meetings oder Social-Media-Nutzung, um deine Zeit besser zu verwalten.

12. Dokumentiere deinen Fortschritt

Begründung: Die Dokumentation deiner Fortschritte hilft dir, den Überblick über deine Ziele und Erfolge zu behalten.

Sie ermöglicht es dir, Muster in deinem Verhalten zu erkennen und dir bewusst zu machen, wie weit du gekommen bist. Dies stärkt dein Selbstbewusstsein und deine Motivation.

Wie: Halte regelmäßig fest, was du erreicht hast, und reflektiere darüber, was funktioniert hat und was nicht. Verwende eine App oder ein Journal, um deine Fortschritte zu tracken. Setze dir Meilensteine für größere Ziele und dokumentiere deine Schritte auf dem Weg dorthin.

Überprüfe deine Fortschritte mindestens einmal im Monat und passe deine Strategie an, wenn du siehst, dass du von deinem Kurs abweichst.

13. Sei offen für Feedback

Begründung: Feedback ist ein wertvolles Werkzeug für persönliches Wachstum. Es hilft dir, deine blinden Flecken zu erkennen und deine Fähigkeiten zu verbessern. Menschen, die Feedback annehmen, sind oft besser darin, ihre Leistung zu steigern und in ihrem Bereich erfolgreich zu sein.

Wie: Bitte Kollegen, Freunde oder Mentoren um konstruktives Feedback zu deiner Arbeit. Stelle gezielte Fragen, um spezifische Rückmeldungen zu erhalten, wie z. B.: „Was könnte ich an diesem Projekt besser machen?" Nimm die

Rückmeldungen ernst und setze sie in deinem Entwicklungsprozess um.

Sieh Feedback als Chance zur Verbesserung und nicht als Kritik. Halte ein offenes Ohr für die Meinungen anderer und ermutige sie, dir ehrliche Rückmeldungen zu geben.

14. Baue Resilienz auf

Begründung: Resilienz ist die Fähigkeit, mit Rückschlägen und Herausforderungen umzugehen. In einer schnelllebigen Welt ist es wichtig, die Fähigkeit zu entwickeln, sich von Misserfolgen zu erholen und gestärkt daraus hervorzugehen. Resiliente Menschen sind oft erfolgreicher, da sie nicht aufgeben, wenn sie auf Hindernisse stoßen.

Wie: Praktiziere Achtsamkeit oder Meditation, um deinen Stress zu reduzieren und deine emotionale Intelligenz zu stärken.

Reflektiere über vergangene Rückschläge und analysiere, was du daraus gelernt hast. Entwickle eine positive Denkweise, indem du dir vorstellst, wie du Herausforderungen meisterst. Umgib dich mit Menschen, die dich ermutigen und unterstützen, wenn es schwierig wird. Schaffe dir auch kleine

Erfolge, die dir helfen, Vertrauen in deine Fähigkeiten aufzubauen.

15. Visualisiere deinen Erfolg

Begründung: Visualisierung ist eine kraftvolle Technik, die dir hilft, deine Ziele klarer zu sehen. Indem du dir vorstellst, wie du deine Ziele erreichst, trainierst du dein Unterbewusstsein, um Chancen zu erkennen und die notwendigen Schritte zu unternehmen, um erfolgreich zu sein.

Wie: Nimm dir täglich Zeit, um dir vorzustellen, wie du deine Ziele erreichst.

Stelle dir die Gefühle, Gedanken und sogar die Umgebung vor, die mit deinem Erfolg verbunden sind.

Du könntest auch ein Vision Board erstellen, auf dem du Bilder und Worte sammelst, die deine Ziele darstellen. Diese Visualisierungen stärken dein Selbstvertrauen und helfen dir, fokussiert zu bleiben.

16. Verbringe Zeit in der Natur

Begründung: Zeit in der Natur zu verbringen hat eine nachweislich positive Wirkung auf die mentale

Gesundheit. Natur reduziert Stress, steigert die Kreativität und verbessert das allgemeine Wohlbefinden.

In einer von Technologie geprägten Welt ist es wichtig, Momente der Ruhe und Verbindung zur Natur zu schaffen.

Wie: Plane wöchentliche Ausflüge in die Natur ein, sei es ein Spaziergang im Park, Wandern in den Bergen oder Radfahren entlang eines Flusses. Nutze diese Zeit, um den Kopf freizubekommen und deine Gedanken zu ordnen.

Achte auf deine Umgebung, atme tief durch und genieße die frische Luft. Du kannst auch Aktivitäten in der Natur mit Freunden oder der Familie verbinden, um soziale Kontakte zu pflegen.

17. Netzwerke aktiv

Begründung: Networking kann dir neue Möglichkeiten eröffnen und wertvolle Unterstützung bieten. Ein starkes Netzwerk kann dir helfen, Ressourcen, Informationen und Mentoring zu erhalten, die für deinen Erfolg entscheidend sein können.

Wie: Besuche regelmäßig Veranstaltungen, Messen oder Meetups in deinem Interessengebiet. Nutze

Plattformen wie LinkedIn, um mit anderen Fachleuten in Kontakt zu treten.

Setze dir ein Ziel, jeden Monat mindestens einen neuen Kontakt zu knüpfen. Stelle sicher, dass du aktiv an Gesprächen teilnimmst und Interesse an den Projekten anderer zeigst.

Pflege deine Beziehungen, indem du regelmäßig in Kontakt bleibst und deine Unterstützung anbietest, wann immer es möglich ist.

18. Setze dir wöchentliche Herausforderungen

Begründung: Wöchentliche Herausforderungen halten dich auf Trab und fördern das Wachstum. Sie helfen dir, aus deiner Komfortzone herauszukommen und neue Fähigkeiten zu entwickeln. Solche Herausforderungen können deine Kreativität anregen und dir ein Gefühl der Erfüllung geben, wenn du sie bewältigst.

Wie: Erstelle eine Liste von Herausforderungen, die du in der kommenden Woche angehen möchtest. Dies kann das Erlernen einer neuen Fähigkeit, das Ausprobieren eines neuen Hobbys oder das Überwinden einer persönlichen Angst sein. Dokumentiere deine Erfahrungen und Fortschritte. Teile deine Herausforderungen auch mit Freunden oder Familienmitgliedern, um Unterstützung und Motivation zu erhalten.

19. Behalte einen Überblick über deine Finanzen

Begründung: Finanzielle Gesundheit ist ein entscheidender Aspekt des Erfolgs. Wenn du deine Finanzen im Griff hast, fühlst du dich sicherer und kannst besser planen, um deine Ziele zu erreichen. Ein gutes Finanzmanagement hilft dir, Stress abzubauen und gibt dir die Freiheit, Entscheidungen zu treffen, die zu deinem Erfolg führen.

Wie: Erstelle ein Budget und tracke deine Ausgaben mit einer App oder in einer Tabelle. Setze dir finanzielle Ziele, wie das Sparen für einen Notfallfonds oder das Abbezahlen von Schulden.

Überprüfe regelmäßig deine finanzielle Situation und passe deine Strategie an, wenn nötig. Suche nach Möglichkeiten, um deine Ausgaben zu senken und dein Einkommen zu steigern, sei es durch einen Nebenjob oder Investitionen.

20. Feiere kleine Erfolge

Begründung: Es ist wichtig, die kleinen Fortschritte auf deinem Weg zum Erfolg zu erkennen und zu feiern. Das Feiern deiner Erfolge motiviert dich, weiterzumachen, und hilft, ein positives Selbstbild zu entwickeln.

Wenn du dir regelmäßig Anerkennung für deine Leistungen gibst, stärkst du dein Selbstbewusstsein.

Wie: Setze dir Belohnungen für das Erreichen kleiner Ziele. Dies könnte ein Abendessen mit Freunden, ein entspannendes Bad oder der Kauf eines kleinen Geschenks für dich selbst sein.

Halte einen Erfolgstag oder eine kleine Feier ab, um deine Fortschritte zu würdigen. Teile deine Erfolge auch mit anderen, um ein unterstützendes Netzwerk zu schaffen und positive Rückmeldungen zu erhalten.

Notizen und Bemerkungen:

Ziele:

Haftungsausschluss

Dieses Buch wurde mit größter Sorgfalt und nach bestem Wissen und Gewissen erstellt. Der Autor und der Verlag übernehmen jedoch keine Gewähr für die Richtigkeit, Vollständigkeit oder Aktualität der enthaltenen Informationen. Alle Inhalte dienen ausschließlich der allgemeinen Information und stellen keine rechtliche, finanzielle, technische oder sonstige Beratung dar.

Der Leser ist dazu angehalten, die Informationen eigenständig zu prüfen und bei Bedarf kritisch zu hinterfragen. Der Autor und der Verlag haften nicht für Schäden, die direkt oder indirekt aus der Nutzung dieses Buches entstehen, es sei denn, sie beruhen auf Vorsatz.

Zudem wird darauf hingewiesen, dass die in diesem Buch beschriebenen Meinungen, Ansichten und Erfahrungen des Autors subjektiver Natur sind und von den Meinungen Dritter abweichen können.

Herausgeber: Marvin Keil;marvinkeil@marvinkeil.de; Postfach ;Horexstraße 3;61352 Bad Homburg

Alle in diesem Buch genannten Marken, Warenzeichen, Logos und geschützten Begriffe sind Eigentum ihrer jeweiligen Inhaber. Die Erwähnung dieser Marken erfolgt ausschließlich zu Identifikationszwecken und impliziert keine Zusammenarbeit, Partnerschaft oder sonstige Beziehung zwischen diesen Marken und dem Autor, Marvin Keil, oder dem Verlag.

www.ingramcontent.com/pod-product-compliance
Lightning Source LLC
Chambersburg PA
CBHW070347230526
45471CB00006B/2454